So wird es gemacht:

Öffne das LÜK®-Kontrollgerät und lege die Plättchen in den unbedruckten Deckel. Jetzt kannst du auf den Plättchen und auf dem Geräteboden die Zahlen 1 bis 24 sehen.

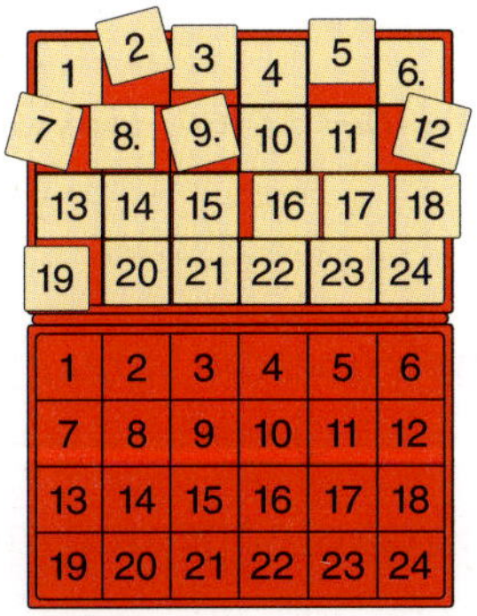

Beispiel: Seite 2
Die Großschreibung bei Satzanfängen
Nimm das Plättchen 1, lies den Text und entscheide, ob das Wort hinter der Aufgabennummer 1 groß- oder kleingeschrieben wird. In der Lösungstabelle findest du die Feldzahl, auf die du das Plättchen im Kontrollgerät legen musst. Lege also das Plättchen 1 auf das Feld 19 im Geräteboden. Die Zahl **1** muss nach oben zeigen.

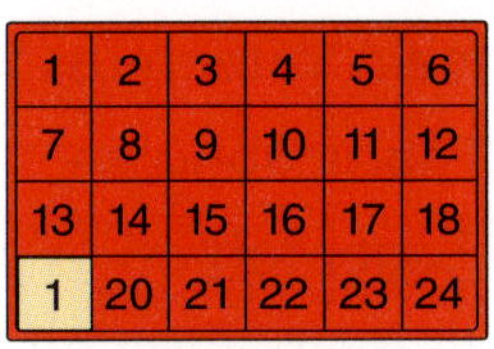

So musst du weiterarbeiten, bis alle Plättchen im Geräteboden liegen. Schließe dann das Gerät und drehe es um. Öffne es von der Rückseite. Wenn du das bei der Übungsreihe abgebildete Kontrollmuster siehst, hast du alle Aufgaben richtig gelöst.

Passen einige Plättchen nicht in das Muster, dann hast du dort Fehler gemacht. Drehe diese Plättchen da, wo sie liegen, um, schließe das Gerät, drehe es um und öffne es wieder.
Jetzt kannst du sehen, welche Aufgaben du falsch gelöst hast.

Nimm diese Plättchen heraus und suche die richtigen Ergebnisse. Kontrolliere dann noch einmal. Stimmt jetzt das Muster?

Das System ist für alle Übungen dasselbe: Die roten Aufgabennummern im Heft entsprechen immer den LÜK-Plättchen aus dem Kontrollgerät. Die Zahlen hinter den Lösungen sagen dir, auf welche Felder des Kontrollgerätes du die Plättchen legen musst.

In diesem Heft ist die Kontrolle bereits nach Lösungen der Aufgaben 1 bis 12 möglich. Lege auch nur die Plättchen 1 bis 12 in das Kontrollgerät.

Und nun viel Spaß!

Die Großschreibung bei Satzanfängen

Regel 1
Jeder Satz beginnt mit einem großen Anfangsbuchstaben. Achte darauf, dass du nach einem Punkt, einem Ausrufezeichen oder einem Fragezeichen den neuen Satz groß beginnst.

Ich habe morgen Geburtstag. Kommst du zu meiner Feier? Das ist toll!

1 Im folgenden Text fehlen die Satzschlusszeichen und die Satzanfänge sind nicht großgeschrieben.
Welche Wörter nach den Aufgabenzahlen sind Satzanfänge und müssen großgeschrieben werden?

Brummi-Fahrer

Mein Vater ist Fernfahrer [1] und fährt einen großen Laster [2] die Fernfahrer nennen ihre Laster Brummis [3] am Morgen steht er ganz früh auf [4] und geht zur Arbeit [5] auf dem Hof steht der Laster, [6] den mein Vater fährt [7] mein Vater muss Waren bei einer Fabrik abholen [8] und zu einem Lager fahren [9] manchmal kommt mein Vater erst sehr spät nach Hause [10] ich durfte schon einmal mitfahren [11] damals hat mein Vater Spielzeug gefahren, [12] aber ich habe leider nichts davon abbekommen.

2 Im folgenden Text fehlen die Satzschlusszeichen und die Satzanfänge sind nicht großgeschrieben.
Welche Wörter nach den Aufgabenzahlen bilden die Satzanfänge und müssen großgeschrieben werden?

Mein Freund Astor

	groß	klein
In dem Dorf, in dem ich wohne, [1] gibt es	24	23
nur noch einen Bauernhof [2] bei diesem	19	16
Bauern kaufen wir Milch und Eier [3] mei-	21	14
stens gehe ich Milch holen, [4] denn meine	20	24
jüngere Schwester hat Angst vor Astor [5] die-	16	22
ser zottelige, braune Hund [6] bewacht	18	20
den Hof [7] er ist an einer Leine festge-	14	17
macht [8] und bellt immer laut, wenn	15	18
jemand kommt [9] trotzdem mag ich ihn sehr	22	13
gern [10] und er lässt sich auch von mir strei-	23	15
cheln [11] seit letzter Woche gehe ich fast je-	17	19
den Tag mit ihm spazieren [12] jetzt ist Astor	13	21
mein Freund.		

Die Groß- und Kleinschreibung bei der wörtlichen Rede

Regel 2
Auch die wörtliche Rede beginnt mit einem großen Anfangsbuchstaben.

*Mutter ruft: „**K**omm, Susanne, wir wollen losgehen!“*

Begleitsatz — wörtliche Rede

Wenn der Begleitsatz der wörtlichen Rede nachfolgt, beginnt er mit einem kleinen Buchstaben.

*„Komm, Susanne, wir wollen losgehen!“, **r**uft Mutter.*

wörtliche Rede — Begleitsatz

3 Im folgenden Text sind einige Wörter durch Großbuchstaben gekennzeichnet. Welche dieser Wörter müssen großgeschrieben werden, welche klein?

Mäuschen und Elefant

1 MÄUSCHEN und Elefant gehen spazieren.
2 PLÖTZLICH tritt der Elefant auf die Maus.
3 „Entschuldige bitte“, SAGT der Elefant.
4 DA antwortet die Maus:
5 „DAS macht doch nichts,
6 das hätte mir AUCH passieren können.“

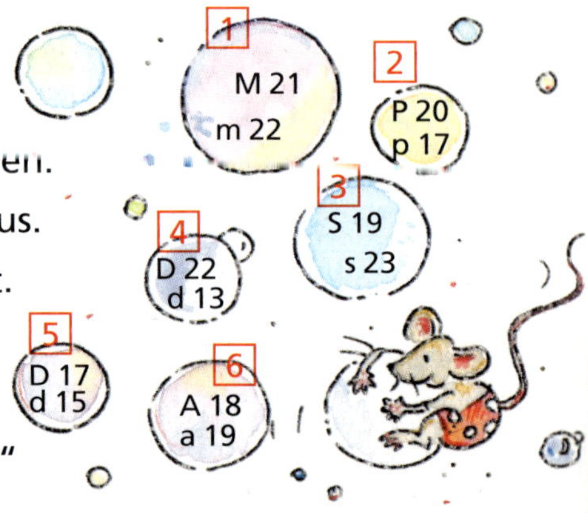

Mäuschen und Elefant gehen zum Baden.
7 DER Elefant ist schon im Wasser.
8 DAS Mäuschen rennt am Ufer hin und her.
9 „KOMM raus!“, ruft es.
10 „Warum denn?“, FRAGT der Elefant.
11 „ICH will nur sehen, ob du meine Badehose anhast!“,
12 ANTWORTET das Mäuschen.

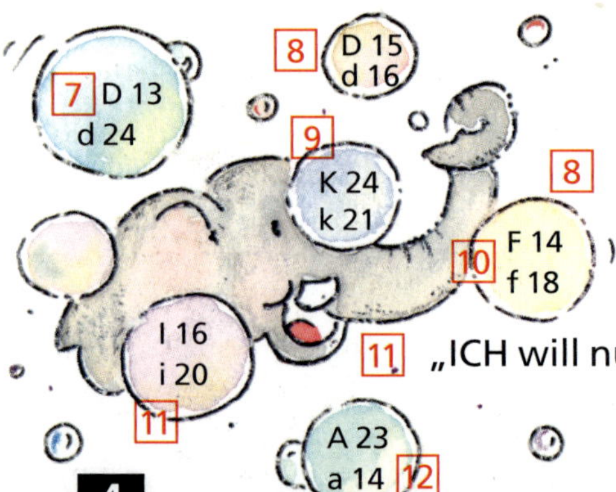

4 Im folgenden Text sind einige Wörter durch Großbuchstaben gekennzeichnet. Welche Wörter müssen großgeschrieben werden, welche klein?

Witzig! Witzig!

BEIM Schlachter klingelt das Telefon. 1 — **B 5** / **b 6**

Eine Stimme fragt:
„HABEN Sie Schweineohren?" 2 — **H 1** / **h 10**

„Ja, haben wir",
ANTWORTET der Schlachter. 3 — **A 12** / **a 4**

„HABEN Sie eine Pökelzunge?" 4 — **H 6** / **h 2**

„GEWISS doch!" 5 — **G 10** / **g 8**

„MEINE Güte! Wie sehen Sie denn aus!" 6 — **M 2** / **m 3**

7 DIE Freunde Hans und Klaus stehen an einer Weide.

8 „Wie viele Schafe da wohl auf der Weide stehen?", WILL Hans wissen.

9 „ZWEIHUNDERTELF", antwortet Klaus.

10 DA staunt Hans.

11 „Hast du einen Trick beim Zählen?", FRAGT er.

12 „KLAR! Ich zähle die Beine und teile durch vier!"

Die Großschreibung von Nomen

Regel 3

Nomen werden großgeschrieben. Mit Nomen bezeichnet man Lebewesen (Menschen, Tiere, Pflanzen), Dinge, Gefühle und Gedachtes.

5 Welche Wörter sind Nomen und müssen großgeschrieben werden? Überlege, ob die Wörter Lebewesen oder Dinge bezeichnen.

1 PFERD
2 OFT
3 STALL
4 STROH
5 SCHÖN
6 KAUM
7 REITERIN
8 WIESE
9 SCHNELL
10 HÜRDE
11 HINDERNIS
12 MÜDE

6 Welche Wörter in Großbuchstaben sind Nomen und müssen großgeschrieben werden? Überlege, ob die Wörter Lebewesen oder Dinge bezeichnen?

Wuschel

1 Dustin hat einen HAMSTER.

2 Er heißt Wuschel, denn er hat ganz WUSCHELIGES Fell.

3 Wuschel lebt in einem KÄFIG.

4 Dustin gibt ihm jeden Tag frisches WASSER und etwas zu fressen.

5 Wuschel mag ÄPFEL und Mohrrüben.

6 Dazu bekommt er IMMER Trockenfutter und Heu.

H 19	**h 20**
W 21	**w 22**
K 24	**k 17**
W 20	**w 16**
Ä 17	**ä 13**
I 23	**i 21**

H 16	**h 18**
S 13	**s 14**
S 15	**s 23**
Z 18	**z 19**
B 14	**b 24**
F 22	**f 15**

7 Das Heu schleppt Wuschel in sein HÄUSCHEN.

8 Dort schläft er, wenn Dustin in der SCHULE ist.

9 Am Nachmittag SPIELT Dustin mit seinem Hamster.

10 Einmal hatte sich Wuschel im ZIMMER versteckt.

11 Dabei hatte er einige BÜCHER angeknabbert.

12 Dustin war sehr FROH, als er seinen Wuschel wieder eingefangen hatte.

Tipp 1: Die Artikelprobe

Zu jedem Nomen gehört ein Artikel: *der Vogel, die Angst, das Eis*. Wenn du nicht sicher bist, ob es sich bei einem Wort um ein Nomen handelt, dann mache die Artikelprobe: Lässt sich ein Artikel ergänzen, dann handelt es sich bei dem Wort um ein Nomen.

BACH: *der Bach* (also Großschreibung)

7 In der folgenden Wortschlange sind alle Wörter in Großbuchstaben geschrieben. Welche Wörter sind Nomen, die du großschreiben musst? Kontrolliere mit LÜK.
Schreibe die Nomen mit ihren Artikeln in dein Heft (Lösung Seite 32).

1	L 8	l 7
2	F 3	f 9
3	B 12	b 10
4	B 11	b 8
5	S 5	s 1
6	B 10	b 6
7	K 4	k 3
8	H 1	h 2
9	F 7	f 11
10	S 6	s 12
11	B 2	b 5
12	L 9	l 4

8 Welche Wörter der Wortschlange sind Nomen, die du großschreiben musst? Kontrolliere mit LÜK. Schreibe die Nomen mit ihren Artikeln in dein Heft (Lösung Seite 32).

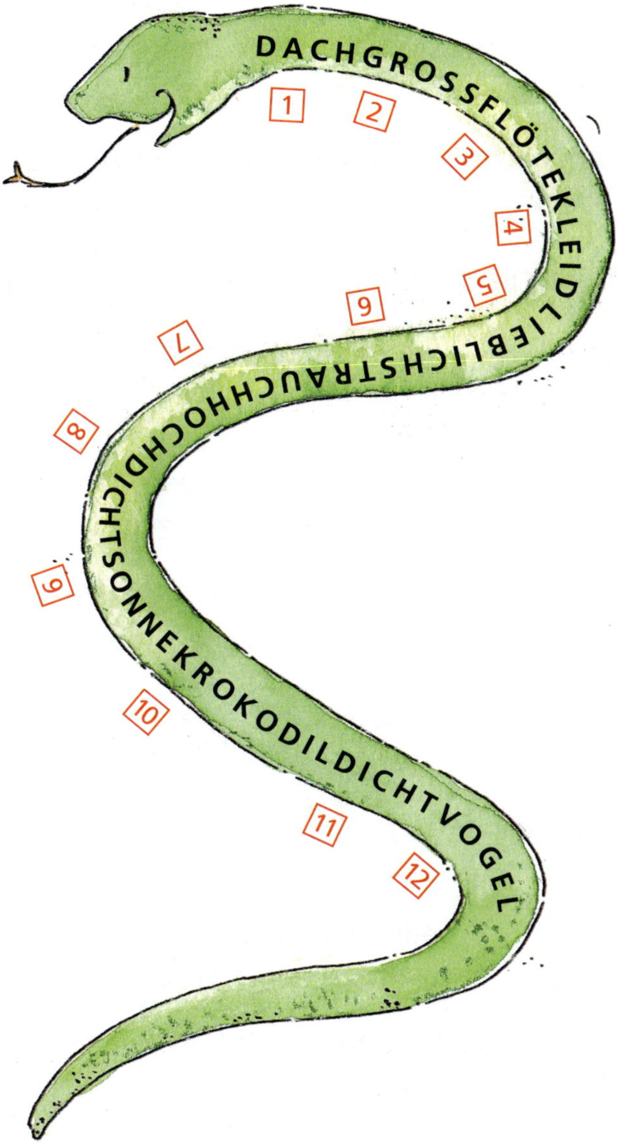

1	D 19	d 20
2	G 15	g 23
3	F 22	f 24
4	K 20	k 21
5	L 18	l 15
6	S 24	s 16
7	H 14	h 18
8	D 13	d 14
9	S 21	s 17
10	K 16	k 19
11	D 23	d 13
12	V 17	v 22

9 Wie werden die gekennzeichneten Wörter geschrieben, groß oder klein? Wenn du unsicher bist, wende die Artikelprobe an.

Annas Aquarium

1 Zum Geburtstag bekommt Anna von ihren Eltern ein AQUARIUM.

2 Zu dem Becken gehören die Beleuchtung, eine Heizung und ein FILTER.

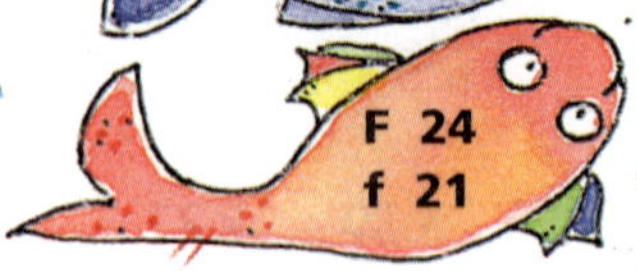

3 Außerdem steht unter dem Geburtstagstisch eine große Tüte mit KIES.

4 Am nächsten Tag wäscht Anna mit ihrer Mutter den Kies und FÜLLT ihn in das neue Becken.

5 Anna baut aus mehreren STEINEN eine Höhle.

6 Jetzt können sie vorsichtig WASSER einfüllen.

7 In einer Zoohandlung besorgt Anna zierliche WASSERPFLANZEN.

8 Nun muss Anna einige TAGE warten, bis sie die ersten Fische einsetzen kann.

9 Anna möchte gern Neonfische und Guppies in ihrem Aquarium HALTEN.

10 Diese Fische leben gern in kleinen GRUPPEN zusammen.

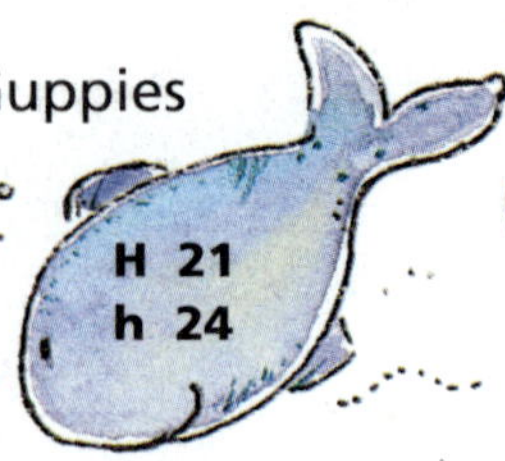

11 Jeden Tag muss sie zwei- bis dreimal ihre Fische mit FUTTER versorgen.

12 Anna hat viel FREUDE an ihrem Aquarium.

Tipp 2:
Achte in Texten auf Signalwörter wie *der, die, das, ein, eine.*

In Texten steht häufig vor dem Nomen der bestimmte Artikel (*der, die, das, des, dem, den*) oder der unbestimmte Artikel (*ein, eine, eines, einer, einem, einen*). Deshalb ist der Artikel ein Signalwort für das Nomen. Manchmal stehen in Texten Nomen auch ohne den Artikel (*Kirschen sind süß*). In solch einem Fall führst du die Artikelprobe durch.

10 Welcher Artikel steht vor dem Nomen?

Streit auf dem Schulhof

Über [1] Schulhof geht

[2] unbekannter Junge.

Er stolpert über [3] Tasche.

Es ist [4] Tasche von Susanne.

Da fällt [5] Tasche

in [6] Dreck.

Susanne schreit [7] Jungen an.

Zwischen beiden gibt es [8] Streit.

Da mischt sich [9] Freundin von Susanne ein:

„Hör auf! Das ist [10] Jungen doch aus Versehen passiert!"

Susanne will sich bei [11] Jungen entschuldigen.

Der Junge gibt Susanne [12] Hand und sagt:

„Ist schon gut. Ich heiße übrigens Stefan."

- 1 einer 1 den 11
- 2 ein 7 das 10
- 3 der 5 eine 4
- 4 die 12 das 8
- 5 die 10 einem 3
- 6 den 8 das 6
- 7 einem 9 den 1
- 8 das 2 einen 5
- 9 die 3 dem 7
- 10 ein 11 dem 9
- 11 dem 6 ein 12
- 12 dem 4 die 2

Tipp 3:
Achte auf Signalwörter wie *beim, am, im, zum, ins, ans.*

Bei diesen Signalwörtern versteckt sich der Artikel: *beim = bei dem, ins = in das.*

11 Welche Signalwörter passen in die folgenden Sätze? Kontrolliere mit LÜK. Schreibe die Nomen mit ihren Signalwörtern in dein Heft. Unterstreiche das Signalwort: *im Urlaub*.

In den Bergen

1 Familie Sommer ist im 12 / am 10 / zum 11 Urlaub.

2 Die Kinder Raphael und Lina spielen zum 11 / am 8 / ans 7 Bach.

3 Sie haben ein Taschenmesser im 3 / ans 9 / zum 10 Schnitzen dabei.

4 Die beiden basteln Borkenschiffchen, die sie zum 1 / im 11 / beim 5 Wasser schwimmen lassen.

5 Heute kommt Familie Sommer endlich am 5 / im 7 / zum 3 Wandern.

6 Ihr Weg zum 7 / aus 1 / im 6 Gipfel ist sehr anstrengend.

7 Raphael hat zum 9 / im 4 / vom 1 Laufen Blasen an den Füßen bekommen.

8 Als Trost bekommt er am 6 / beim 5 / ans 4 Mittagessen ein großes Eis.

9 Für den Abstieg zurück am 2 / beim 12 / ins 9 Dorf nehmen sie die Seilbahn.

10 Trotzdem erreichen sie erst am 4 / im 2 / ins 8 Abend ihre Ferienwohnung.

11 Raphael und Lina wollen im 8 / zum 6 / am 12 Abendessen nur noch einen Jogurt.

12 Dann fallen die beiden todmüde ans 10 / am 3 / ins 2 Bett.

Tipp 4:
Achte auf Signalwörter wie
mein, dein, sein, unser, euer, ihr.

Auch die Wörter *mein, dein, sein, unser, euer, ihr* geben das Signal: Achtung, das folgende Wort kann ein Nomen sein.

Morgen kommt meine Tante.

12 Welche Signalwörter müssen in den Sätzen eingesetzt werden?

Auf, in die Badeanstalt!

1 „Kommt, wir fahren in die Badeanstalt!“, ruft mein 4 / meine 12 Mutter.

2 Wo ist nur mein 7 / meine 8 Badetasche?

3 Mein 9 / Meine 6 Bruder Ole hat schon alles fertig.

4 Er hat seinen 11 / sein 10 Sportbeutel gepackt im Flur liegen.

5 Da kommt Tina, mein 2 / meine 4 Freundin.

6 Wir wollen zusammen in unser 5 / unsere 7 Badeanstalt fahren.

7 Oft ist mein 12 / meine 2 ganze Klasse da.

8 Mein 6 / Meine 3 Badekrokodil ist für uns alle ein Riesenspaß.

9 Ole und sein 10 / seine 1 Freund Sven sind schon auf der Rutsche.

10 Gegen Abend kommt noch mein 3 / meine 9 Vater.

11 Endlich ist sein 8 / seine 5 Arbeit zu Ende.

12 Mein Vater schwimmt dann mit meiner 1 / meine 11 Mutter noch einige Bahnen.

Tipp 5:
Zwischen Signalwort und Nomen kann ein Adjektiv stehen.

Zwischen Signalwort und Nomen kann ein Adjektiv (Eigenschaftswort, Wiewort) stehen: *die helle Sonne, mein schöner Ball*.

13 Welche Nomen und welche Adjektive passen in den Viererblöcken zusammen? Kontrolliere mit LÜK. Schreibe den gesamten Ausdruck auf. Zeichne einen Pfeil vom Signalwort zum Nomen: *das leckere Himbeereis*.

Überprüfe mit Hilfe der Lösungen auf Seite 32, ob du richtig geschrieben hast.

1	das Himbeereis	glatt	18
2	das Mädchen	lecker	17
3	unsere Wanderung	pfiffig	15
4	der Stein	anstrengend	14
5	am Tag	zottelig	21
6	die Zitrone	spannend	23
7	der Bär	sauer	16
8	dein Buch	hell	19
9	sein Hund	hoch	22
10	meine Hose	fröhlich	24
11	das Lied	blau	20
12	der Leuchtturm	bissig	13

14 Welche der Wörter in Großbuchstaben sind Nomen und werden großgeschrieben?

Im Zoo

		groß	klein
1	Heute machen die Kinder der dritten Klasse einen schönen AUSFLUG.	10	7
2	Sie fahren mit der Straßenbahn zum neuen ZOO.	12	11
3	Zuerst schauen sie sich die großen BÄREN an.	7	5
4	Dann geht es zu den DROLLIGEN Affen.	8	9
5	Mehrere Affen hängen an dem STARKEN Gitter.	2	1
6	Einige Kinder haben an der Kasse große TÜTEN mit Futter gekauft.	11	3
7	Jetzt werfen sie die leckeren ERDNÜSSE durch das Gitter.	5	6
8	Das gefällt den gefräßigen AFFEN.	3	10
9	Mit Gekreisch stürzen sie sich auf die FRISCHEN Nüsse.	4	8
10	Vor allem die KLEINEN Affen müssen schnell weglaufen, wenn sie eine Nuss erwischt haben.	9	2
11	Sonst jagen ihnen die ALTEN Affen ihre Beute wieder ab.	1	4
12	Am Ende des langen TAGES können sich die Kinder auf dem Spielplatz austoben.	6	12

15 Welches gekennzeichnete Wort musst du großschreiben?
Denke daran, dass zwischen Signalwort und Nomen
ein Adjektiv stehen kann. Überprüfe mit LÜK.
Schreibe die Wortgruppe in richtiger Groß- und Kleinschreibung
in dein Heft: *spielen am Strand*. Überprüfe mit dem Text auf Seite 32.

Am Strand

(20) (14) (23)

1 Jennifer und Jonathan SPIELEN AM STRAND.

(24) (22) (21)

2 Heute bauen sie EINEN GROßEN HAFEN.

(14) (20) (18)

3 Als Schiffe nehmen sie die BEIDEN HÄLFTEN IHRER Seifendose.

(22) (24) (15)

4 Jennifer will noch einen HOHEN LEUCHTTURM BAUEN.

(16) (19) (14)

5 Aber jetzt STEIGT DAS WASSER schon wieder.

(18) (16) (22)

6 Deshalb wird DER WEICHE SAND immer nasser.

(19) (17) (16)

7 Außerdem frischt AM SPÄTEN NACHMITTAG der Wind auf.

(13) (18) (20)

8 Jennifer und Jonathan lassen jetzt ihre NEUEN DRACHEN STEIGEN.

(17) (13) (19)

9 Jennifers roter Drachen ist schon HOCH AM HIMMEL.

(15) (23) (13)

10 Jonathan hat Probleme mit SEINER LANGEN DRACHENSCHNUR.

(23) (21) (17)

11 Auch DER BUNTE SCHWANZ des Drachens hat sich verwickelt.

(21) (15) (24)

12 Endlich hat Jonathan alles entwirrt und SEIN DRACHEN STEIGT
in die Luft.

Tipp 6:
Verben können als Nomen gebraucht werden.

Verben (*laufen, lachen*) werden kleingeschrieben.
Werden sie aber als Nomen benutzt, schreibt man sie groß:
<u>*das*</u> *Laufen,* <u>*sein*</u> *Lachen,* <u>*zum*</u> *Weglaufen*. Achte auf die Signalwörter.

16 Welche Teilsätze gehören zusammen? Kontrolliere mit LÜK.
Schreibe das als Nomen gebrauchte Verb mit seinem Signalwort heraus und unterstreiche das Signalwort: <u>*beim*</u> *Turnen* (Lösung Seite 32).

1	Dustin hat beim Turnen	• das falsche Stück gespielt.	1
2	Beim Reiten hat Christine	• Sven umgerannt.	6
3	Ute hat beim Musizieren	• ihre Gerte verloren.	9
4	An der See ist bei Sturm	• das Füttern der Tiere nicht erlaubt.	10
5	Für Motorradfahrer ist	• das Baden verboten.	5
6	In den meisten Zoos ist	• das Tragen eines Helms vorgeschrieben.	7
7	Vom vielen Schreien	• hat sich Giovanni verschluckt.	2
8	Vom schnellen Laufen	• ist Sarah ganz heiser.	3
9	Beim Lachen	• ist der Hund müde geworden.	11
10	Das Spielen mit dem Ball	• ist nicht gut für die Augen.	12
11	Das lange Fernsehen	• schult das Gedächtnis.	4
12	Das Singen von Liedern	• fördert die Geschicklichkeit.	8

17 In dem Text auf Seite 12 werden in drei Sätzen Verben als Nomen gebraucht. Schreibe sie mit den Signalwörtern heraus. Auf Seite 32 kannst du nachsehen, ob du die Aufgabe richtig gelöst hast.

18 In den folgenden Sätzen werden fünf Verben als Nomen benutzt und müssen daher großgeschrieben werden. Entscheide, ob die gekennzeichneten Wörter groß- oder kleingeschrieben werden. Kontrolliere mit LÜK. Schreibe die Nomen mit ihren Signalwörtern in dein Heft, unterstreiche die Signalwörter (Lösung Seite 32).

Was machen wir im Schullandheim?

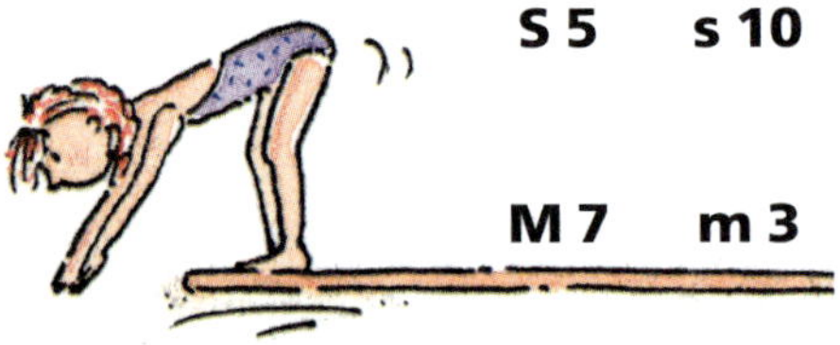

1	Unsere Lehrerin möchte mit uns oft zum SCHWIMMEN gehen.	**S 5**	**s 10**
2	Bianca und Julia wollen ihren Fahrtenschwimmer MACHEN.	**M 7**	**m 3**
3	Julia hat aber noch Angst vor dem TAUCHEN.	**T 2**	**t 11**
4	Jasmin will lieber WANDERN.	**W 4**	**w 6**
5	Timo und Cemil möchten einen bunten Abend DURCHFÜHREN.	**D 1**	**d 7**
6	Jasmin und Markus würden gern einen Freizeitpark BESUCHEN.	**B 12**	**b 4**
7	Ruben befürchtet, dass wir keine Zeit zum FERNSEHEN haben.	**F 10**	**f 8**
8	Carolin hat Interesse am TANZEN.	**T 11**	**t 5**
9	Jens schlägt vor, dass wir eine Schnitzeljagd ORGANISIEREN.	**O 9**	**o 1**
10	Stefan und Benjamin möchten auch Zeit zum BUMMELN haben.	**B 8**	**b 2**
11	Svenja würde am liebsten zu Hause BLEIBEN.	**B 3**	**b 12**
12	Hoffentlich können wir uns bis zur Fahrt noch EINIGEN!	**E 6**	**e 9**

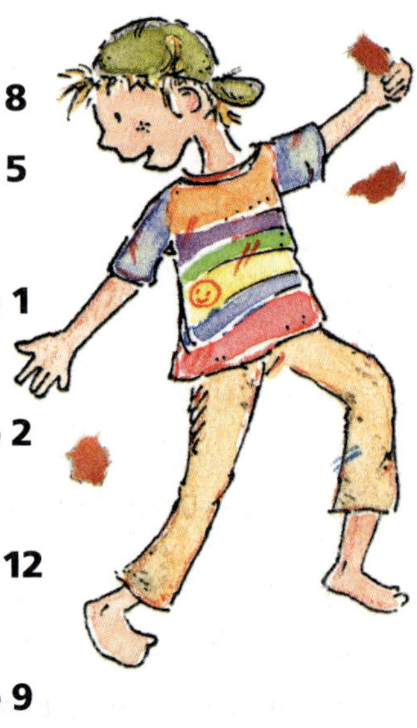

19 Wie werden die gekennzeichneten Wörter geschrieben, groß oder klein?

Pinguine – Vögel, die nicht fliegen

1. Pinguine leben auf der südlichen HÄLFTE der Erde. (H 6, h 5)
2. Sie FÜHLEN sich sogar am Südpol wohl. (F 3, f 4)
3. Hier liegt immer Schnee und die TEMPERATUR beträgt oft minus 40 Grad. (T 1, t 9)

4. Die Tiere sind durch eine dicke Fettschicht und durch ihre Federn vor der KÄLTE geschützt. (K 5, k 11)
5. Pinguine gehören zu den Vögeln, die nicht FLIEGEN können. (F 12, f 7)
6. Dafür können sie umso besser SCHWIMMEN und tauchen. (S 1, s 3)
7. Beim SCHWIMMEN im Meer fangen sie sich kleine Fische und Krebse. (S 9, s 2)
8. Im Südpol-Winter legen die WEIBCHEN je ein Ei. (W 11, w 8)
9. Die Männchen übernehmen das Ei und schieben es unter eine Hautfalte am BAUCH. (B 2, b 6)
10. Nach zwei MONATEN schlüpfen die Jungen. (M 8, m 1)
11. Jetzt WERDEN sie von den Müttern mit Fischbrei aus dem Magen gefüttert. (W 4, w 12)
12. Mit fünf Monaten können die KLEINEN Pinguine ihre Fische schon selbst fangen. (K 7, k 10)

Tipp 7:
Achte auf die Endungen
keit, heit, nis, ung, tum.

Die Endungen *keit, heit, nis, ung, tum* kennzeichnen Nomen.

20 Mit den folgenden Wörtern kannst du Nomen bilden, wenn du die richtige Endung anhängst, z. B. *gründlich – die Gründlichkeit*.
Kontrolliere mit LÜK.
Schreibe die Nomen mit Artikel in dein Heft.
Denke an die Großschreibung (Lösung Seite 32).

		heit	keit
1	fähig	24	23
2	gesund	19	20
3	schwierig	14	21
4	flüssig	15	24
5	schön	16	18
6	wahr	20	22

		heit	keit
7	heiter	13	14
8	dumm	18	17
9	klug	22	19
10	dankbar	23	15
11	frei	17	16
12	hässlich	21	13

21 Bilde aus den folgenden Adjektiven Nomen. Ordne dazu den Adjektiven die richtigen Endungen zu (in den Dreierblöcken). Kontrolliere mit LÜK.
Schreibe die Nomen mit den dazugehörigen Artikeln in dein Heft: *die Sauberkeit*. Achte auf die Großschreibung (Lösung Seite 32).

1	sauber	nis	4
2	frech	keit	5
3	finster	heit	1

4	traurig	tum	10
5	reich	nis	2
6	wild	keit	6

7	feig	tum	3
8	tapfer	heit	8
9	eigen	keit	12

10	klar	keit	11
11	fröhlich	tum	7
12	heilig	heit	9

22 Viele Nomen mit den Endungen *nis* und *ung* stammen von Verben. Zu welchem Verb gehört welches Nomen? Kontrolliere mit LÜK. Schreibe die Nomen mit dem Artikel in dein Heft: *die Wanderung* (Lösung Seite 32).

1 wandern
2 prüfen
3 erkennen
4 sich kleiden
5 gestehen
6 belohnen

7 erlauben
8 rechnen
9 erleben
10 ergeben
11 erzählen
12 sich entschuldigen

23 Wie werden die gekennzeichneten Wörter geschrieben, groß oder klein?

Alte Sprüche

Nr.		groß	klein
1	Ein altes Sprichwort meint, SELBSTERKENNTNIS sei der erste Schritt zur Besserung.	21	17
2	Ein anderes meint, BESCHEIDENHEIT ist eine Zier, doch weiter kommt man ohne …	20	19
3	Sei immer MUNTER, immer heiter, wie der Mops am Blitzableiter.	15	23
4	Edel sei der Mensch, HILFREICH und gut.	16	22
5	Üb' immer Treu' und REDLICHKEIT, sei zu Diensten stets bereit.	17	13
6	Rosen, Tulpen, Nelken, alle Blumen welken, Veilchen und Vergissmeinnicht, aber unsere FREUNDSCHAFT nicht.	19	24

Lehrer Lämpel

groß	klein	Nr.	
13	18	7	Eben schließt in sanfter Ruh' Lämpel seine KIRCHE zu;
23	15	8	und mit Buch und Amtsgeschäften, lenkt er freudig seine Schritte zu der HEIMATLICHEN Hütte,
24	14	9	und voll DANKBARKEIT sodann, zündet er sein Pfeifchen an.
18	21	10	„Ach!", spricht er, „Die größte Freud' ist doch die ZUFRIEDENHEIT!"
22	16	11	Rums! – Da geht die Pfeife los mit Getöse, SCHRECKLICH groß.
14	20	12	Kaffeetopf und WASSERGLAS, Tabaksdose, Tintenfass, Ofen, Tisch und Sorgensitz, alles fliegt im Pulverblitz.

Zusammenfassende Übungen

24 Wie werden die gekennzeichneten Wörter geschrieben, groß oder klein? (Die Namen der Märchen erfährst du auf Seite 32.)

Kennst du diese Märchen?

1 „Spieglein, Spieglein an der Wand,
wer ist die Schönste im ganzen LAND?"

L 19 l 21

2 „Heinrich, der Wagen BRICHT."

B 20 b 22

3 „Ach zieh uns raus, zieh uns raus!
Wir sind alle schon LÄNGST braun genug."

L 16 l 24

4 „Aber Großmutter, was hast du
für ein ENTSETZLICHES Maul!"

E 23 e 20

5 „Heute back' ich, morgen brau' ich, übermorgen hole ich der KÖNIGIN ihr Kind."

K 17 k 13

6 „Die Königstochter soll sich in ihrem fünfzehnten
JAHR an einer Spindel stechen und tot umfallen!"

J 21 j 19

7 „Ich bin so SATT, ich mag kein Blatt, meh, meh!"

S 18 s 16

8 „Bäumchen schüttel dich, Bäumchen rüttel dich,
wirf GOLD und Silber über mich."

G 13 g 21

9 „Ei was", sagte der Esel, „zieh lieber mit uns,
etwas Besseres als den Tod findest du ÜBERALL!"

Ü 14 ü 23

10 „Macht auf, liebe Kinder,
eure Mutter ist da und hat
jedem von euch ETWAS mitgebracht."

E 15 e 18

11 „Ich bin SCHON da!", rief der Igel.

S 22 s 14

12 „Rapunzel, Rapunzel,
lass dein Haar HERUNTER."

H 24 h 15

25 Wie werden die gekennzeichneten Wörter nach den Aufgabennummern geschrieben, groß oder klein?

Auf dem Ponyhof

Silke und Vanessa verbringen ihre [1] FERIEN auf einem [2] PONYHOF. Sie schlafen mit vier anderen [3] MÄDCHEN in einem [4] GEMÜTLICHEN [5] ZIMMER. Jeden [6] TAG [7] REITEN sie aus, Silke [8] MEISTENS auf Stine und Vanessa auf Jonny. Aber sie lernen auch die [9] PFERDE zu putzen und den [10] STALL sauber zu machen. Am schönsten ist es abends, da spielen alle noch im [11] STROH. Silke und Vanessa würden [12] GERN wieder kommen.

[1] **F 20 f 21**

[2] **P 24 p 16**

[4] **G 14 g 19**

[3] **M 21 m 23**

[5] **Z 16 z 22**

[6] **T 23 t 15**

[7] **R 17 r 18**

[8] **M 19 m 14**

[9] **P 22 p 13**

[10] **S 15 s 20**

[11] **S 13 s 24**

[12] **G 18 g 17**

26 Wie werden die Wörter nach den Aufgabennummern geschrieben, groß oder klein?

Meerschweinchen stammen aus Südamerika

1 WILDE Meerschweinchen leben in Südamerika in kleinen 2 GRUPPEN von fünf bis zehn 3 TIEREN. Sie buddeln sich 4 ERDLÖCHER oder beziehen verlassene 5 HÖHLEN. Nachts ziehen sie 6 UMHER und suchen sich 7 GRÄSER und 8 KRÄUTER. Kurz nachdem Kolumbus Südamerika entdeckt hatte, wurden die 9 ERSTEN Meerschweinchen nach Europa gebracht. Ihren 10 NAMEN erhielten sie, weil sie über das 11 MEER zu uns kamen und wie 12 SCHWEINE quieken.

1 **W 12 w 9**

2 **G 8 g 11**

3 **T 9 t 4**

4 **E 11 e 2**

5 **H 4 h 6**

6 **U 10 u 7**

7 **G 2 g 3**

8 **K 6 k 5**

9 **E 7 e 10**

10 **N 3 n 1**

11 **M 5 m 12**

12 **S 1 s 8**

Die Großschreibung von zusammengesetzten Nomen

Regel 4

Zusammengesetzte Nomen werden großgeschrieben.

Mit Nomen kann man Zusammensetzungen bilden:

schwimmen + das Bad = das Schwimmbad,

tief + die Garage = die Tiefgarage.

27 Welche sinnvollen Zusammensetzungen kannst du bilden? Kontrolliere mit LÜK. Schreibe die zusammengesetzten Nomen mit den Artikeln in dein Heft. Denke an die Großschreibung (Lösung Seite 32).

1	rudern	• das Flugzeug	21	• das Boot	22
2	spielen	• der Platz	20	• das Fenster	13
3	groß	• der Bruder	19	• der Vater	23
4	schnell	• die Amsel	15	• der Läufer	21
5	springen	• das Seil	17	• das Holz	24
6	kurz	• die Hand	14	• der Schluss	19

7	gehen	• der Weg	13	• der Mann	18
8	schreiben	• das Haus	22	• die Maschine	15
9	fern	• das Rohr	24	• das Auto	16
10	radieren	• der Gummi	18	• der Wurm	20
11	baden	• die Wanne	16	• der Baum	17
12	hoch	• das Band	23	• das Haus	14

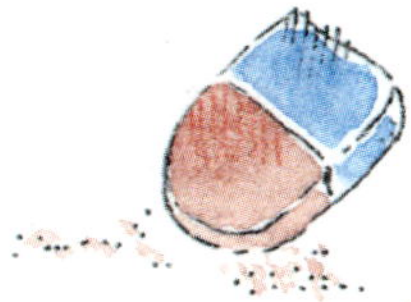

28 Ergänze die fehlenden Buchstaben und entscheide, ob die Wörter groß- oder kleingeschrieben werden (Lösung Seite 32).

„Mama, es brennt!“

1 Polizei und ✦euerwehr wurden zu einem ungewöhnlichen Einsatz gerufen.

2 Der fünfjährige Kevin hatte im ✱adezimmer gespielt.

✦	groß 11	klein 4
✱	groß 7	klein 10
✲	groß 4	klein 8
❤	groß 3	klein 12
✤	groß 10	klein 1
❖	groß 8	klein 5

3 Vor dem Fenster stieg plötzlich starker ✲auch hoch.

4 Kevin hat seine Mutter ❤erufen.

5 Kevins Mutter lief sofort ans ✤elefon.

6 Sie alarmierte die ❖olizei.

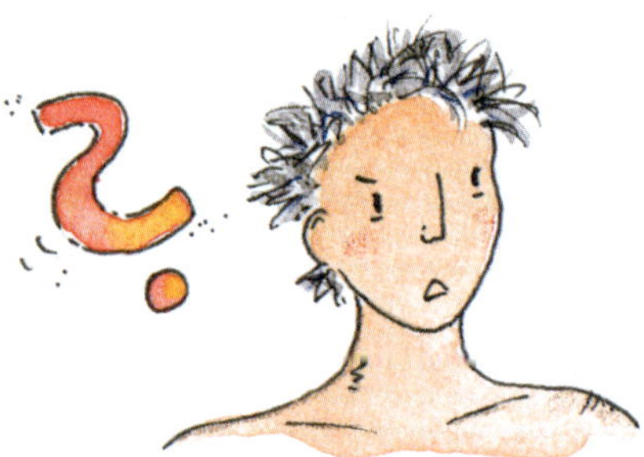

7 Kurze Zeit später hielten vor dem Haus die Polizei und ein großes ✥euerwehrauto.

8 Sie entdeckten zum ✻lück schnell die Brandursache.

9 In der Wohnung unter Kevins Familie hatte ein Mann sehr ✦eiß geduscht.

✥	groß 1	klein 9
✻	groß 5	klein 6
✦	groß 12	klein 3
✷	groß 9	klein 2
✤	groß 6	klein 11
❤	groß 2	klein 7

10 Damit der ✷asserdampf abziehen konnte, hatte er das Fenster geöffnet.

11 Der ✤ampf hatte ausgesehen wie Rauch.

12 Trotzdem bedankte sich die Polizei bei Kevin und seiner ❤utter, dass sie so wachsam gewesen waren.

Die Kleinschreibung bei zusammengesetzten Adjektiven

Regel 5

Zusammensetzungen mit Adjektiven werden kleingeschrieben:

der Stein + alt = steinalt.

29 Bilde in den Viererblöcken sinnvolle Zusammensetzungen.
Überprüfe mit LÜK.
Schreibe die Zusammensetzungen in dein Heft (Lösung Seite 32).

1	Glocke(n)	schwarz	3
2	Pech	kalt	2
3	Eis	hoch	6
4	Haus	hell	5

5	Blitz	voll	11
6	Spott	grün	10
7	Gras	schnell	7
8	Wunder	billig	4

9	Blut	süß	9
10	Ziel	schnell	12
11	Pfeil	jung	1
12	Zucker	sicher	8

Lernspiel

Spieler / Spielerinnen: 2–4

Material: ein Würfel, 2–4 Setzsteine

Bei ***Start*** fängt es an. Ihr zieht so viele Felder vor, wie ihr Augen auf dem Würfel habt. Auf einem Ereignisfeld ✪ lest ihr einen Satz der Geschichte (in der Reihenfolge 1–12). Ihr entscheidet, ob das gekennzeichnete Wort groß- oder kleingeschrieben wird, und legt das entsprechende LÜK-Plättchen ab.

START

Auf dem Rummelplatz

1. Ismail und Ramona dürfen heute zum JAHRMARKT gehen.
2. Sie nehmen ihr TASCHEN-GELD und ziehen los.
3. Ramona kauft sich als Erstes eine SCHOKOLADENWAFFEL.
4. Ismail isst LIEBER ein Eis.
5. Dann sehen sie sich die KARUSSELLS an.
6. Einige von denen sind GANZ schön schnell.

7 Aber die SCHIFFSSCHAUKEL ist super.

8 Gerade halten die Schaukeln an und sie KÖNNEN einsteigen.

9 Durch starkes SCHAUKELN bringen sie die Gondel in Schwung.

10 Das strengt MÄCHTIG an!

11 Dafür macht es aber auch riesigen SPASS.

12 Ramona und Ismail essen noch eine Bratwurst, dann gehen sie wieder nach HAUSE.

1 J 23 j 20	2 T 21 t 14	3 S 20 s 16	4 L 18 l 24	5 K 14 k 19	6 G 13 g 22
7 S 16 s 17	8 K 24 k 18	9 S 19 s 15	10 M 22 m 13	11 S 17 s 23	12 H 15 h 21

Lösungen

Übung 7

3 der Bach
5 die Schokolade
6 der Baum
8 der Hut
10 die Schule
11 die Birne

Übung 8

1 das Dach
3 die Flöte
4 das Kleid
6 der Strauch
9 die Sonne
10 das Krokodil
12 der Vogel

Übung 13

1 das leckere Himbeereis
2 das pfiffige Mädchen
3 unsere anstrengende Wanderung
4 der glatte Stein
5 am hellen Tag
6 die saure Zitrone
7 der zottelige Bär
8 dein spannendes Buch
9 sein bissiger Hund
10 meine blaue Hose
11 das fröhliche Lied
12 der hohe Leuchtturm

Übung 15

1 spielen am Strand
2 einen großen Hafen
3 beiden Hälften ihrer
4 hohen Leuchtturm bauen
5 steigt das Wasser
6 der weiche Sand
7 am späten Nachmittag
8 neuen Drachen steigen
9 hoch am Himmel
10 seiner langen Drachenschnur
11 der bunte Schwanz
12 sein Drachen steigt

Übung 16

1 beim Turnen
2 Beim Reiten
3 beim Musizieren
4 das Baden
5 das Tragen
6 das Füttern
7 Vom Schreien
8 Vom Laufen
9 Beim Lachen
10 Das Spielen
11 Das Fernsehen
12 Das Singen

Übung 17

3 zum Schnitzen
5 zum Wandern
7 vom Laufen

Übung 18

1 zum Schwimmen
3 vor dem Tauchen
7 zum Fernsehen
8 am Tanzen
10 zum Bummeln

Übung 20

1 die Fähigkeit
2 die Gesundheit
3 die Schwierigkeit
4 die Flüssigkeit
5 die Schönheit
6 die Wahrheit
7 die Heiterkeit
8 die Dummheit
9 die Klugheit
10 die Dankbarkeit
11 die Freiheit
12 die Hässlichkeit

Übung 21

1 die Sauberkeit
2 die Frechheit
3 die Finsternis
4 die Traurigkeit
5 der Reichtum
6 die Wildnis
7 die Feigheit
8 die Tapferkeit
9 das Eigentum
10 die Klarheit
11 die Fröhlichkeit
12 das Heiligtum

Übung 22

1 wandern – die Wanderung
2 prüfen – die Prüfung
3 erkennen – die Erkenntnis
4 sich kleiden – die Kleidung
5 gestehen – das Geständnis
6 belohnen – die Belohnung
7 erlauben – die Erlaubnis
8 rechnen – die Rechnung
9 erleben – das Erlebnis
10 ergeben – das Ergebnis
11 erzählen – die Erzählung
12 sich entschuldigen – die Entschuldigung

Übung 24

1 Schneewittchen
2 Der Froschkönig
3 Frau Holle
4 Rotkäppchen
5 Rumpelstilzchen
6 Dornröschen
7 Tischlein deck dich
8 Aschenputtel
9 Die Bremer Stadtmusikanten
10 Der Wolf und die 7 Geißlein
11 Der Hase und der Igel
12 Rapunzel

Übung 27

1 das Ruderboot
2 der Spielplatz
3 der Großvater
4 der Schnellläufer (Schnell-Läufer)
5 das Springseil
6 der Kurzschluss
7 der Gehweg
8 die Schreibmaschine
9 das Fernrohr
10 der Radiergummi
11 die Badewanne
12 das Hochhaus

Übung 28

1 **F**euerwehr
2 **B**adezimmer
3 **R**auch
4 **g**erufen
5 **T**elefon
6 **P**olizei
7 **F**euerwehrauto
8 **G**lück
9 **h**eiß
10 **W**asserdampf
11 **D**ampf
12 **M**utter

Übung 29

1 glockenhell
2 pechschwarz
3 eiskalt
4 haushoch
5 blitzschnell
6 spottbillig
7 grasgrün
8 wundervoll
9 blutjung
10 zielsicher
11 pfeilschnell
12 zuckersüß